RÉPUBLIQUE FRANÇAISE

MINISTÈRE DE LA GUERRE

NOTICE DESCRIPTIVE

DE

NOUVEAUX UNIFORMES

(Décision ministérielle du 9 décembre 1914 mise à jour avec les modificatifs des 28 janvier, 17 et 28 mai 1915.)

PARIS
Henri CHARLES-LAVAUZELLE
Éditeur militaire
124, Boulevard Saint-Germain, 124
MÊME MAISON A LIMOGES

1915

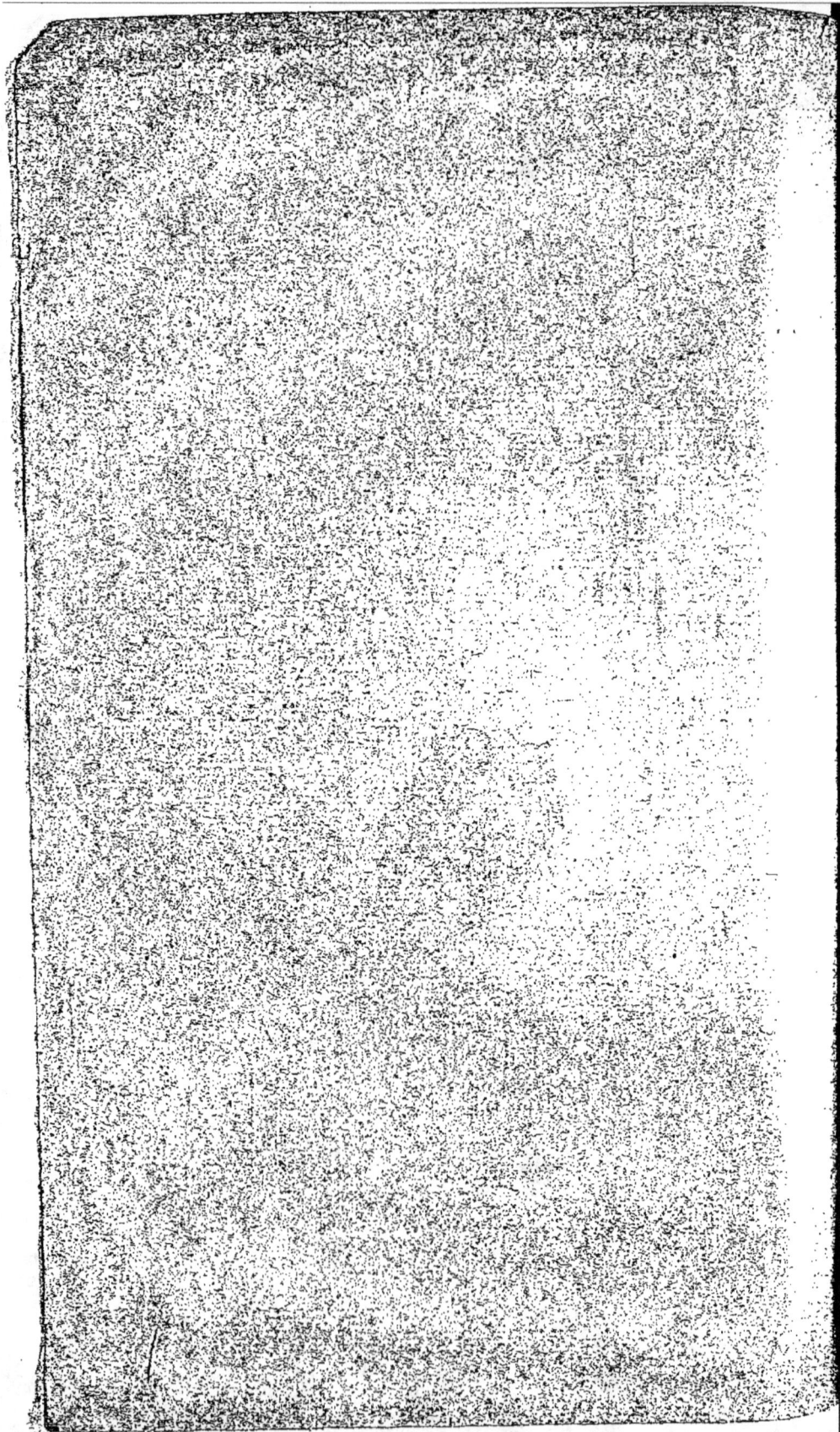

RÉPUBLIQUE FRANÇAISE

MINISTÈRE DE LA GUERRE

NOTICE DESCRIPTIVE

DE

NOUVEAUX UNIFORMES

*(Décision ministérielle du 9 décembre 1914 mise à jour
avec les modificatifs des 28 janvier, 17 et 28 mai 1915.)*

PARIS

Henri CHARLES-LAVAUZELLE

Éditeur militaire

124, Boulevard Saint-Germain, 124

MÊME MAISON A LIMOGES

1915

RÉPUBLIQUE FRANÇAISE.

—

MINISTÈRE DE LA GUERRE.

NOTICE DESCRIPTIVE

DE

NOUVEAUX UNIFORMES

—

(Décision ministérielle du 9 décembre 1914 mise à jour
avec les modificatifs des 28 janvier, 17 et 28 mai 1915.)

—

I. — Troupes métropolitaines et troupes coloniales.

—

1° HOMMES DE TROUPE.

Capote troupes à pied.

En drap bleu clair.

Du modèle simplifié ayant fait l'objet de la notice descriptive adressée par bordereau d'envoi n° 1053 5/5 du 19 septembre 1914 (1), complété comme suit :

1° *Poches arrière*. — De chaque côté de la capote, et dans le prolongement de la couture avant du chanteau, pratiquer une poche, en toile à doublure en lin, ayant 200^{mm} d'ouverture et 380^{mm} de profondeur. Cette poche, parementée d'un côté en drap du fond (largeur du parementage 50^{mm}), est arrêtée à chacune de ses extrémités par de fortes brides en fil.

2° *Martingales* (2). — Supprimer les plis du dos, et, à la hauteur des hanches, poser deux martingales en drap du fond. Ces

---

(1) Il y a lieu de considérer comme annulées les dispositions modificatives ayant fait l'objet des télégrammes des 28 octobre et 2 novembre 1914.
(2) La pose des poches arrière a nécessité également le rétablissement des martingales.

martingales sont montées en couture, retournées, piquées et solidement bridées à leurs extrémités; elles sont doublées en drap
du fond et piquées deux fois à bord ouvert. La martingale gauche porte deux boutonnières faites en fil, la première commen-
çant à environ 20^{mm} de la pointe arrondie, et l'autre à 100^{mm}
environ de la même pointe. La martingale de droite porte deux
boutons cousus aux places correspondantes.

Longueur de chaque martingale, environ 200^{min}.

Largeur de chaque martingale, environ 35^{mm}.

3° *Parementages.* — Les parementages des devants pourront
être en deux ou trois morceaux.

4° *Poches de portefeuille intérieures.* — Sur la doublure intérieure de chaque devant et à 30^{mm} environ de l'emmanchure, coudre une poche de portefeuille en toile de lin (ouverture : 170^{mm};
profondeur : 170^{mm}) (1).

5° *Ecussons, chiffres et soutaches.* — Poser, sur chaque angle
du collet, des écussons, chiffres et soutaches de la forme et des
dimensions prévues au croquis n° 1 de l'annexe n° 1 (page 19).

Manteau troupes montées.

En drap bleu clair (2).

Du modèle décrit à l'article 4 de la description des uniformes
(É. M., vol. 105^1), compte tenu des modifications ayant fait l'objet
de la notice adressée le 28 octobre 1914 et de celles prescrites
ci-après :

a) Supprimer la rotonde;

b) Renforcer le manteau, entre la doublure et le drap, d'empiècements en drap du fond (3) posés sur les épaules, le dos et le
devant jusqu'au niveau du creux de l'emmanchure; un autre em-
piècement recouvre le dessus des manches jusqu'à la saignée.
Ces empiècements pourront être en cinq morceaux (1 dos, 2 devants, 2 dessus de manches) et être rabattus à la main ou piqués
machine.

---

(1) Une de ces deux poches est destinée à contenir notamment le livret
individuel de l'homme.
(2) Quand l'ordre en sera donné.
(3) Ou draps de commerce de qualité approchante.

c) Donner aux parements-bottes une hauteur apparente de 80^{mm}.

d) Coudre, sur la doublure intérieure de chaque devant, une poche de portefeuille en toile de lin (170^{mm} sur 170^{mm});

e) Poser, sur chaque angle du collet, des écussons, chiffres et soutaches de la forme et des dimensions prévues au croquis n° 2 de l'annexe n° 1 (page 19).

Vareuse toutes armes.

En drap bleu clair (1), du modèle de la vareuse-dolman des chasseurs alpins décrite à l'article 766 de la description des uniformes (vol. 105e) compte tenu des modifications suivantes :

a) La vareuse ne sera pas doublée;

b) Le collet rabattu sera remplacé par un collet droit;

c) Les parements-bottes des manches seront supprimés;

d) Le devant droit portera cinq boutons, au lieu de sept;

e) Une poche de portefeuille en toile de coton sera cousue sur chaque devant;

f) Le parementage en drap appliqué sur chaque épaule sera supprimé, ainsi que le bourrelet et le parementage du bas;

g) Les vareuses des troupes montées ne comporteront pas de pattes de ceinturon;

h) Une fente analogue à celle du côté gauche sera pratiquée sur le côté droit;

i) Des brides d'épaules en drap du fond (largeur 20^{mm}, longueur 100^{mm}) seront cousues sur les vareuses des cuirassiers pour permettre d'assujettir des pattes d'épaule, en remplacement des épaulettes supprimées.

---

(1) Quand l'ordre en sera donné.

Accessoires spéciaux d'effets pour cuirassiers.

Cuirasse. — Du modèle actuel.

Cache-cuirasse. — En toile de nuance bleu clair.

Matelassure. — En drap bleu clair pour les parties visibles.

Patte d'épaule. — Elle se compose de deux bandes de drap bleu clair (un dessus mesurant 150^{mm} et un dessous mesurant 500^{mm}) arrondies aux extrémités. Ces deux bandes sont assemblées l'une sur l'autre, sur une longueur de 150^{mm} à partir de l'extrémité arrondie, et au moyen de deux piqûres sur les bords; puis l'intervalle entre les deux bandes est rempli de ouate ou de filasse; l'extrémité libre de la bande du dessous de cet assemblage est ensuite roulée sur elle-même pour former un bourrelet, de 25^{mm} de diamètre environ, solidement arrêté sur la bande du dessus; enfin, à 20^{mm} environ des extrémités arrondies de la patte, est percée une boutonnière, faite en fil, destinée à s'adapter à un petit bouton cousu sur la vareuse à 30^{mm} environ de l'encolure.

Les dimensions de la patte confectionnée sont les suivantes :

Longueur apparente du dessus et du dessous (de l'arrêt du bourrelet à l'extrémité arrondie de la patte). 140^{mm}
Largeur du bourrelet. . . . . 80^{mm}
Largeur de la patte, à 20^{mm} de la pointe arrondie. . . . . . 55^{mm}

i) Des écussons, chiffres et soutaches, de la forme et des dimensions prévues au croquis n° 1 de l'annexe n° 1 (page 19) seront posés sur chaque angle du collet.

Pantalon-culotte, troupes à pied.

En drap bleu clair (1), du modèle de la culotte décrite à l'article 3 de la description des uniformes (B. O., É. M., vol. 105^1), mais sans manchettes rapportées; pas de bandes; passepoils de la nuance indiquée à l'annexe n° 2 (2).

L'ouverture du bas est formée par une interruption de la couture de côté, sur une longueur d'environ 190^{mm}, et d'un parementage (largeur 35^{mm}) pris en couture sur le derrière de la cu-

---

(1) Quand l'ordre en sera donné.
(2) Le passepoil sera posé seulement à partir de l'extrémité inférieure de l'ouverture du pantalon jusqu'à l'arrêt de la fente du bas.

lotte. Cette ouverture se ferme, dans le bas, au moyen de deux rubans de fil, d'une longueur de 400^{mm} environ, fixés solidement.

Des hausses à la ceinture et des pointes à l'enfourchure seront admises.

Le pantalon-culotte est doublé en toile de coton et dans les mêmes conditions que le pantalon d'ordonnance d'infanterie.

Largeur du pantalon-culotte taille moyenne (plié en deux et à plat)	vis-à-vis de l'enfourchure..............	400^{mm}
	à égale distance, entre l'enfourchure et le bas...........................	260^{mm}
	au bas..................................	180^{mm}
Hauteur de la ceinture	devant................................	70^{mm}
	sur les côtés.........................	60^{mm}
	derrière..............................	45^{mm}

Culotte des troupes montées.

En drap bleu clair (1), du modèle décrit à l'article 3 bis du volume 105^1 (fascicule 3, page 4). Pas de bandes; passepoils de la nuance indiquée à l'annexe n° 2 (2).

Képi toutes armes.

En drap bleu clair, du modèle simplifié décrit à la notice adressée le 27 septembre 1914. Le renfoncement du calot sera supprimé : le dessus affleurera les bords supérieurs du turban. Les ventouses et boutons seront de la nuance du drap. Ni passepoils, ni écusson, ni numéros.

Hauteur sur le devant : 80^{mm}; hauteur sur le derrière : 115^{mm}. Diamètre du calot : 145.

Coiffures spéciales de la cavalerie et de la gendarmerie.

Casques et crinières, shakos; casquettes : des modèles actuels.

Les couvre-casques, couvre-shakos et couvre-casquettes seront en toile de nuance bleu clair.

Bonnet de police.

En drap bleu clair du modèle décrit à l'article 9 de la description des uniformes (É. M.; n° 105^1).

---

(1) Quand l'ordre en sera donné.
(2) Le passepoil sera posé seulement à partir de l'extrémité inférieure de l'ouverture du pantalon jusqu'à l'arrêt de la fente du bas.

Bandes molletières.

En drap bleu clair ou de nuance neutre. Du modèle décrit à l'article 52 de la description des uniformes (É. M., vol. 105[1]).

Equipement et jambières.

En cuir fauve. Toile nuance gris-vert pour le havresac.

2° OFFICIERS.

Officiers non montés. — Capote.

En drap bleu clair.

Du modèle de la troupe, à modifier comme suit :

1° *Poches.* — Supprimer les poches de derrière en toile de lin.

2° *Poches de devant.* — Sur chaque devant, à la hauteur de la dernière boutonnière, et à 170ᵐᵐ du bord du devant, appliquer une poche en drap du fond remplièe et piquée à cordon tout autour (profondeur : 200ᵐᵐ; largeur : 200ᵐᵐ). A 20ᵐᵐ au-dessus de l'ouverture de cette poche, appliquer également une patte de fermeture en drap du fond (longueur : 215ᵐᵐ; hauteur : 70ᵐᵐ), pourvue en son milieu d'une boutonnière, avec bouton correspondant cousu sur la poche.

Cette patte, non doublée, est remplièe et piquée deux fois.

3° *Fente du dos.* — Dans le pli du drap formant le milieu du dos, pratiquer à partir du bas de la jupe une fente ayant 450ᵐᵐ environ de hauteur, le côté gauche paramenté sur une largeur de 45ᵐᵐ et muni de deux boutonnières, la première à 180ᵐᵐ et la seconde à 350ᵐᵐ du bas, le côté droit prolongé au moyen d'un parementage en drap du fond de 45ᵐᵐ de largeur et muni de deux boutons correspondant aux boutonnières du côté gauche, le haut arrêté solidement par une double piqûre.

4° *Fente de côté.* — Pratiquer, à 415ᵐᵐ du devant gauche et à 240ᵐᵐ environ de la couture d'emmanchure, une fente verticale ayant 150ᵐᵐ d'ouverture. Cette ouverture est parementée en drap, piquée à bords ouverts et solidement bridée à ses extrémités.

5° *Chanteaux ou soufflets.* — La base du chanteau, mesurée en ligne droite, aura 310ᵐᵐ environ, au maximum.

Officiers montés.

Manteau. — En drap bleu clair du modèle de la troupe.

Officiers de toutes armes et de tous services.

Vareuse. — En drap bleu clair du modèle prescrit par la circulaire ministérielle du 8 octobre 1913 (*B. O.*, p. 1245).

Pantalon et culotte. — En drap bleu clair. Des modèles décrits aux articles 16 et 17 de la description des uniformes (É. M., vol. 104), avec passepoils des nuances indiquées aux tableaux ci-annexés.

Bandes molletières. — Du modèle de la troupe, en drap bleu clair ou de nuance neutre.

Képi. — En drap bleu clair, du modèle de la troupe.

Bonnet de police. — En drap bleu clair. Du modèle de la troupe.

Officiers généraux.

Tenue en drap bleu clair; manteau et vareuse identiques à ceux des autres officiers. Pantalon et culotte à double bande bleu foncé et passepoil en drap de même nuance. Képi en drap bleu clair, du modèle décrit ci-dessus. Bonnet de police en drap bleu clair, du modèle décrit ci-dessus.

Même tenue pour les officiers des différents services ayant rang d'officier général.

II. — Troupes d'Afrique.

1° HOMMES DE TROUPE (SAUF LES ADJUDANTS-CHEFS ET LES ADJUDANTS).

Capote des troupes à pied et manteau des troupes montées. — En drap kaki (1), du modèle des troupes métropolitaines.

Vareuse troupes à pied et troupes montées. — En drap kaki, des modèles des troupes métropolitaines (2).

(1) Les capotes et manteaux en drap bleu clair dont les troupes d'Afrique ont été pourvues aux armées, pour la durée de l'hiver, par-dessus la tenue kaki, devront être ultérieurement remplacés par des effets similaires en drap kaki, dès que les corps d'Afrique et leurs dépôts en France disposeront des approvisionnements nécessaires.

Il ne sera plus confectionné de burnous pour les spahis.

(2) Les ceintures de laine spéciales aux troupes d'Afrique devront être portées en campagne sous la vareuse.

Toutefois, la vareuse des spahis comporte un col rabattu formé d'un dessus et d'un dessous en deux morceaux.

$$\text{Hauteur totale.}\begin{cases}\text{devant.} & \dots\dots\dots\dots\dots\dots\dots\dots\dots\dots 90^{mm}. \\ \text{derrière.} & \dots\dots\dots\dots\dots\dots\dots\dots 70^{mm}.\end{cases}$$

Écussons de forme triangulaire aux extrémités du collet.

Culotte des troupes à pied. — En drap kaki. Elle se compose de deux parties : la culotte proprement dite et la manchette.

a) *Culotte proprement dite.* — De forme droite sur les côtés et les coutures d'entre-jambes, et arrondie au montage de la manchette.

La ceinture est doublée, sur toute sa longueur, en toile de lin ou de coton. Elle est légèrement cintrée, et, de chaque côté, faite en deux morceaux, pour mieux s'ajuster à la courbure des hanches. Le devant de gauche est percé, à 20^{mm} du bord supérieur, d'une boutonnière correspondant à un bouton placé sur le devant de droite, et reçoit, sur la couture inférieure, une agrafe se composant d'un crochet et d'une porte en fil d'acier. Pour l'attache des bretelles, la ceinture est garnie de six autres boutons. Les deux extrémités du derrière de la ceinture sont réunies par un soufflet triangulaire.

La culotte est garnie de deux martingales en drap du fond doublées en toile de lin ou coton, et cousues à 30^{mm} environ au-dessous de la couture de la ceinture. La martingale de gauche porte une boucle de fer verni noir, cousue à demeure; sa partie repliée formant enchapure ne doit pas dépasser la couture du soufflet. Un parementage en toile de lin ou coton est appliqué en dedans, sous l'attache de chaque martingale.

A 20^{mm} ou 30^{mm} de la pointe d'arrêtement de chaque martingale est pratiqué un suçon de 70^{mm} environ de hauteur.

Sur le devant de la culotte est une brayette formée d'une souspatte en drap du fond, doublée en toile de lin ou coton, adaptée sous le devant de gauche et garnie de quatre boutonnières. Une languette, également doublée en toile de lin ou coton, est ajoutée au devant de droite, et porte autant de boutons en zinc; elle sert à fermer la brayette, et rejoint le bord supérieur de la ceinture qu'elle prolonge.

L'arrêtement de la brayette, à la naissance de la fourche, est pratiqué à 40^{mm} environ de la couture d'entre-jambes.

Sur chaque côté de la culotte est une poche de cuisse en toile de lin ou coton, qui remonte jusqu'à la ceinture où elle est fixée. L'ouverture de la poche est parementée en drap du fond.

Un gousset de montre, en toile de lin ou de coton, est placé sur le devant de droite de la ceinture; son ouverture horizontale est pratiquée dans la couture de la ceinture.

La culotte est garnie intérieurement d'un entre-jambes, en toile de lin ou de coton, de quatre morceaux. Les deux de derrière forment un demi-cercle de 150^{mm} de rayon. Ceux de devant ont la même forme en bas et la même largeur; ils remontent en diminuant jusqu'à la ceinture, où ils n'ont que 50^{mm} de largeur.

A la partie inférieure de la couture latérale d'entre-jambes, immédiatement au-dessus de la manchette, est ménagé un « relarge » de 20^{mm} de largeur au minimum, sur une longueur de 80^{mm}, qui finit en mourant vers le haut.

b) *Manchette*. — La manchette est en trois morceaux. Elle est rapportée au corps de la culotte par une double piqûre. Elle s'ouvre immédiatement en dessous de cette piqûre et se ferme sur le devant, et en avant de la couture latérale externe, à l'aide de trois boutonnières placées sur le grand côté du devant correspondant à trois boutons en zinc cousus sur le petit côté.

La couture latérale intérieure de la manchette comporte un « relarge » d'au moins 25^{mm} destiné à faciliter les retouches.

La manchette est parementée en toile de lin ou de coton, le long de sa fente et de son bord inférieur.

Des pointes à l'enfourchure et des hausses à la ceinture sont admises.

Les dimensions de la culotte confectionnée, pour une taille moyenne (E. 3), sont les suivantes :

Largeur de la culotte pliée en deux à plat.	en haut des cuisses, vis-à-vis de l'enfourchure.	400^{mm}.
	en bas ou-dessus de la partie arrondie et à 120^{mm} du montage de la manchette.	310^{mm}.
	au montage de la manchette.	190^{mm}.

Dimensions invariables.

a) Culotte proprement dite :

Ceinture-hauteur. . .	par devant (environ).		80^{mm}.
	par derrière (environ).		60^{mm}.
	au milieu (environ).		60^{mm}.
Martingales.	longueur apparente	celle de droite.	150^{mm}.
		celle de gauche.	120^{mm}.
	largeur (environ). . .	à la base libre.	40^{mm}.
		à l'extrémité.	30^{mm}.

hauteur totale (environ)...................... 360ᵐᵐ.

Poches de cuisse... { largeur....... { largeur en haut près de la ceinture (environ). 100ᵐᵐ.
{ plus grande largeur au fond arrondi (environ)................ 180ᵐᵐ.
ouverture (environ)........................ 180ᵐᵐ.
distance de l'arrêtement à la ceinture (environ)................................. 40ᵐᵐ.

Parementages. ... { En drap......... { des poches, du côté qui touche à la cuisse (environ)......... 45ᵐᵐ.
{ du côté opposé (environ)............. 30ᵐᵐ.
En toile des martingales........ { longueur (environ)... 100ᵐᵐ.
{ hauteur (environ).... 50ᵐᵐ.

Gousset de montre : ouverture et profondeur (environ)........... 80ᵐᵐ.

b) Manchette :

Longueur totale mesurée de la couture externe. ... { 1ʳᵉ taille : types A, B, C................ 300ᵐᵐ.
{ 2ᵉ taille : types D, E, F. : .... 290ᵐᵐ.
{ 3ᵉ taille : types G, H, I. .... 280ᵐᵐ.

Largeur de la manchette boutonnée. { au milieu, mesures prises entre la 1ʳᵉ et la 2ᵉ boutonnières. .... 190ᵐᵐ.
{ au bas. .... 135ᵐᵐ.

Largeur apparente du petit côté supportant les boutons........... 45ᵐᵐ.

Largeur apparente du parementage en toile. ... { côté des boutonnières et côté des boutons. 40-45ᵐᵐ.
{ bord inférieur. .... 25ᵐᵐ.

Largeur du côté de la fente supportant les boutonnières........ { en bas. .... 130ᵐᵐ.
{ entre la 1ʳᵉ et la 2ᵉ boutonnières............ 175ᵐᵐ.
{ en haut. .... 165ᵐᵐ.

Distance de la boutonnière. .... { inférieure au bas de la manchette.......... 50ᵐᵐ.
{ du milieu à la boutonnière inférieure........ 85ᵐᵐ.
{ supérieure à la boutonnière du milieu...... 80ᵐᵐ.
{ supérieure à la piqûre du bord............. 75ᵐᵐ.

Distance des têtes de boutonnières au bord de la fente (environ).. 15ᵐᵐ.
Distance entre les deux piqûres de montage de la manchette...... 5ᵐᵐ.

NOTA. — Le déplacement des boutons et l'utilisation du « relarge » permettent de réduire ou d'augmenter la largeur de la manchette.

Culotte des troupes montées. — En drap kaki, du modèle décrit à l'article 3 de la description des uniformes (*B. O.*, É. M., vol. nº 105¹); ni bandes, ni passepoils.

Ceinture de laine. — Des modèles décrits aux articles 64 de la description des uniformes (*B. O.*, É. M., vol. 105¹) et 828 (*B. O.*, É. M., vol. n° 105³) (1).

Coiffure (2). — En règle générale, dans toutes les armes, les Français portent le képi du modèle des troupes métropolitaines en drap kaki, et les indigènes, la chéchia rouge recouverte d'un couvre-chéchia kaki.

Par exception à cette règle :

a) Les zouaves et les tirailleurs portent tous la chéchia rouge, recouverte d'un couvre-chéchia en toile de couleur kaki;

b) Les chasseurs d'Afrique conservent la casquette, recouverte d'un manchon en toile de couleur kaki;

c) Dans les régiments de spahis, les Français portent la chéchia rouge avec le couvre-chéchia en toile de nuance kaki, et les indigènes la coiffure arabe avec couvre-chêche en toile de nuance kaki.

Le gland de chéchia est supprimé.

Cravate et chêche. — La cravate est du modèle décrit à l'article 74 du *B. O.*, É. M., vol. 105¹, mais de nuance kaki.

Elle est portée par toutes les troupes, à l'exception des spahis indigènes pour lesquels elle est remplacée par une chêche de couleur kaki.

Bandes molletières des troupes à pied. — En drap kaki (ou de nuance neutre) du modèle décrit à l'article 52 de la description des uniformes (É. M., vol. 105¹).

Equipement et jambières. — En cuir fauve des modèles des troupes métropolitaines.

Toile nuance gris vert pour le havresac.

Les mestres des spahis sont supprimées.

Chaussures. — Toutes les troupes sont pourvues de brodequins d'homme à pied ou de brodequins d'homme monté, suivant le cas.

Il n'est plus confectionné de souliers arabes, pour les spahis indigènes.

---

(1) Les ceintures de laine sont portées, aux armées, sous la vareuse.
(2) Les couvre-coiffures de couleur bleu clair devront disparaître en même temps que les effets de cette nuance.

Effets de toile. — De nuance kaki, des modèles des effets en drap kaki similaires (1).

2° OFFICIERS, ADJUDANTS-CHEFS ET ADJUDANTS.

Capote ou manteau. — En drap kaki, du modèle des troupes métropolitaines.

Vareuse. — En drap kaki, du modèle des troupes métropolitaines.

Pantalon et culotte. — En drap kaki, des modèles décrits aux articles 5, 16 et 17 de la description des uniformes (*B. O.*, é. m., vol. 104), avec passepoils des nuances indiquées au tableau ci-annexé:

Coiffure. — Les Français portent le képi et le bonnet de police du modèle des troupes métropolitaines en drap kaki, sauf les chasseurs d'Afrique qui conservent la casquette recouverte d'un manchon en toile de nuance kaki.

Les indigènes portent :

Aux tirailleurs, la chéchia rouge recouverte d'un couvre-chéchia kaki;

Aux spahis, la coiffure arabe enveloppée d'une chèche kaki.

Cravate, bandes molletières, jambières et brodequins. — Des modèles de la troupe.

Équipement. — En cuir fauve.

Effets de toile. — De nuance kaki, des modèles d'effets de drap similaires.

Nota. — *a)* La tenue en drap kaki est obligatoire pour les officiers, adjudants-chefs et adjudants des armes suivantes :

Infanterie, Artillerie, Train des équipages, Interprètes militaires.
Cavalerie, Génie, Gendarmerie,

Les officiers du service d'état-major et ceux qui sont détachés de leur corps portent la tenue du corps dont ils faisaient partie au moment de leur mutation. (Instruction du 3 novembre 1910, articles 9 et 19, vol. 97, pages 10 et 13).

b) Les officiers, adjudants-chefs et adjudants (y compris les sous-offi-

---

(1) En Afrique, les troupes utiliseront, cet été, les approvisionnements existants, mais les nouveaux effets à confectionner seront en toile kaki.
Les nouveaux effets en toile kaki ne seront envoyés aux armées que si la nécessité en était reconnue ultérieurement.

ciers employés militaires) des autres services portent la tenue bleu clair en usage dans les troupes métropolitaines.

Toutefois, ils sont autorisés à porter la tenue kaki pendant leur séjour en Afrique, ou lorsqu'ils sont appelés à servir, en France, dans un corps d'Afrique.

3° OFFICIERS GÉNÉRAUX.

Tenue en drap kaki, semblable à celle des autres officiers, sauf que le pantalon et la culotte ont une double bande en drap kaki foncé et que la coiffure porte des étoiles.

NOTA. — Les officiers généraux des services de l'intendance et de santé portent les tenues bleu clair ou kaki, dans les mêmes conditions que celles fixées ci-dessus pour les officiers de leur service.

III. — Armée territoriale et réserve de l'armée territoriale.

Même tenue que celle prévue ci-dessus; écussons des nuances indiquées à l'annexe n° 2; chiffres en drap blanc blanchi pour les hommes de troupe.

ANNEXE N° 1.

I. — Galons de grade.

1° Officiers généraux.

Généraux de brigade. — Deux étoiles en or, sur les manches, sur le képi et sur le bonnet de police.

Généraux de division. — Trois étoiles en or, sur les manches, sur le képi et sur le bonnet de police.

Généraux de division ayant rang de commandant de corps d'armée. — Mêmes insignes que les divisionnaires, complétés par le galon d'argent actuel.

Officiers des services ayant rang d'officier général. — Etoiles en argent sur les manches et sur le képi. Ecusson et insigne du service sur le collet.

2° Officiers de toutes armes et de tous services.

Galons, or ou argent, de 6^{mm} environ de largeur, suivant la subdivision d'arme ou le service, ainsi qu'il est indiqué à la description des uniformes (B. O., É. M., vol. n° 104) (1).

Ces galons, d'une longueur de 35^{mm}, sont placés horizontalement les uns au-dessus des autres sur le milieu du côté extérieur de chaque manche (capote, manteau, vareuse), le premier à 100^{mm} du bord. Ils sont espacés entre eux de 3^{mm}, les 3e et 4e de 12^{mm}.

Lieutenants-colonels : 2e et 4e galons en or ou en argent, suivant l'arme ou le service.

3° Adjudants-chefs et adjudants de toutes armes et de tous services.

Galons, or ou argent, de 6^{mm} environ de largeur suivant la subdivision d'arme ou service, ainsi qu'il est indiqué aux articles 64 *bis* et 64 *ter* de la description des uniformes (É. M., vol. n° 104).

Ces galons sont disposés sur les manches comme ceux des sous-officiers autres que les aspirants.

---

(1) Sur le devant du manteau (ou de la capote) des officiers du service de santé sera cousu un insigne de neutralité consistant en un carré d'étoffe à fond blanc, de 40^{mm} de côté, sur lequel sera disposée la croix rouge de Genève.

Ouvriers d'état de 1re classe (artillerie) et gardiens de batterie compris dans la première moitié de la liste d'ancienneté. — Même tenue que les adjudants-chefs d'artillerie, avec les galons de grade en or, sans soutaches; grenades au collet en or.

Ouvriers d'état de 2e classe et gardiens de batterie compris dans la deuxième moitié de la liste d'ancienneté. — Même tenue que les adjudants d'artillerie, avec les galons de grade en argent mélangés d'un tiers de soie rouge, sans soutaches; grenades au collet en or.

Adjudants maîtres armuriers de 1re classe. — Même tenue que les adjudants d'artillerie, sans soutaches. Toutefois, le numéro du corps est remplacé par l'attribut décrit à l'article 140 du volume n° 104. Cet attribut est brodé en or. L'écusson est entouré, sur la tranche du collet et sur sa partie supérieure, d'une baguette en or.

Adjudants maîtres armuriers de 2e classe. — Même tenue que les adjudants maîtres armuriers de 1re classe, sauf que l'écusson n'est pas entouré, sur la tranche du collet et sa partie supérieure, d'une baguette en or.

4° Aspirants.

Même galon que celui des adjudants, disposé en V renversé (ouverture de l'angle, 90°; écartement aux extrémités, 35mm).

5° Sous-officiers autres que les adjudants.

Galons lézardes de 12mm de largeur et 35mm de longueur, en or ou en argent suivant la subdivision d'arme ou le service comme il est indiqué à la description des uniformes (*B. O.*, É. M., vol. n° 105 (1, 2 et 3), placés obliquement sur le milieu extérieur de chaque manche.

6° Caporaux et soldats de 1re classe.

Galons cul-de-dé, en laine ou coton bleu foncé, de 12mm de largeur et de 35mm de longueur, placés obliquement sur le milieu extérieur de chaque manche.

7° Tambours-majors, trompettes, tambours et clairons.

Galons spéciaux actuels de 35mm de longueur, placés horizontalement sur le milieu de la face extérieure de chaque manche et à 80mm du bord.

8° Personnels des sections de chemin de fer de campagne.

Galons et insignes actuels, disposés comme il est indiqué aux paragraphes ci-dessus.

9° Personnel du service de la justice militaire.

Tribunaux militaires. — *Adjudants commis greffiers* : Galons argent de 6ᵐᵐ environ de largeur mélangé d'un tiers de soie rouge. — *Sergents huissiers appariteurs* : Galons lézardes en or de 12ᵐᵐ de largeur et de 35ᵐᵐ de longueur.

Etablissements pénitentiaires militaires. — *Adjudants agents principaux* : Galons de 6ᵐᵐ environ de largeur, en argent. — *Adjudants greffiers de surveillance* : Galons en argent de 6ᵐᵐ environ de largeur mélangé d'un tiers de soie rouge. — *Autres sous-officiers* : Galons lézardes en or de 12ᵐᵐ de largeur et 35ᵐᵐ de longueur.

II. — Attributs.

Les attributs *placés sur les manches des effets*, du même modèle que ceux de la description des uniformes (*B. O.*, É. M., vol. n° 105), sont de la nuance des chiffres et soutaches prévus, par arme et subdivision d'arme, à l'annexe n° 2.

Exception est faite pour l'*artillerie de campagne*, dont les attributs sont de la couleur de l'écusson, c'est-à-dire écarlate, et pour les *sections de commis et ouvriers militaires d'administration* et d'*infirmiers militaires*, dont les attributs sont de la couleur de l'écusson, c'est-à-dire garance.

III. — Écussons, chiffres et soutaches.

a) *Écussons et chiffres.* — Pour les capotes et vareuses, forme du croquis n° 1, d'autre part (sans accolade pour les capotes); nuances indiquées aux tableaux de l'annexe n° 2.

Dimensions.

Ecussons.	Longueur (maxima):	60ᵐᵐ
	Largeur (maxima).	30ᵐᵐ
Chiffres..	Hauteur.	20ᵐᵐ

Pour les manteaux des troupes montées forme triangulaire du croquis n° 2 ci-contre. Dimensions base : 90^{mm}; hauteur, 50^{mm}. Mêmes nuances que ci-dessus.

Croquis N° 1

Croquis N° 2

Soutaches

b) *Soutaches.* — Soutaches en laine ou coton, distinctives des subdivisions d'armes, largeur 2^{mm},5 (officiers et troupe).

IV. — Boutons.

A queue, très solides, de nuance gris terne ou bleu clair (ou kaki pour les vareuses des troupes d'Afrique), mats, en deux dimensions (17 et 22^{mm}); en métal (1), corrozo ou autres matières analogues.

V. — Brassards (2).

Des modèles décrits aux articles 1 *bis* et 952 de la description des uniformes (É. M., vol. n° 104) et aux articles 157, 163 *bis*, 181, 182, 185, 185 *bis*, 456 et 483 (É. M., vol. n° 105¹), mais en drap du fond, c'est-à-dire bleu clair pour toutes les armes.

---

(1) Avec ou sans insignes.
(2) Sont maintenus tels qu'ils sont décrits à la Description des uniformes (B. O., É. M., vol. n° 104) : les brassards des officiers du service d'état-major (art. 94) et le brassard de la Convention de Genève (art. 246).

Ces passepoils sont en drap de couleur indiquée à l'annexe n° 2, pour les passepoils des pantalons et culottes, selon l'arme ou le service.

L'attribut est le même que celui décrit aux articles susvisés, mais sa nuance est celle des chiffres et soutaches prévue, par arme et subdivision d'arme, à l'annexe n° 2 précitée.

ANNEXE No 2.

Nuances des passepoils, écussons, soutaches et chiffres.

DÉSIGNATION DES CORPS DE TROUPE.	PASSEPOILS EN DRAP des pantalons et culottes (officiers et troupe).	ÉCUSSONS (officiers et troupe).	SOUTACHES EN LAINE ou coton (officiers et troupe).	CHIFFRES OU ATTRIBUTS DE COLLET	
				Officiers et adjudants	Sous-officiers (adjudants non compris) et troupe.
I. — INFANTERIE.					
Infanterie de ligne.........	Jonquille.	Drap du fond.	Bleu foncé.	des nuances et modèles prévus à la Description des formes, H. O., f., m., volume no 104.	Bleu foncé.
Chasseurs à pied et alpins (1).	»	»	»		Garance.
Zouaves..........	Jonquille.	Drap du fond.	Garance.		Bleu ciel.
Tirailleurs........	Id.	Id.	Bleu ciel.		Violet.
Infanterie légère d'Afrique.....	Id.	Id.	Violet.		Vert.
Légion étrangère.......	Id.	Id.	Vert.		Ecarlate.
Infanterie coloniale (2)......	Id.	Id.	Ecarlate.		Foudres en soie blanche
Secrétaires d'état-major (sous-officiers)...	Gris de fer bleuté	Gris de fer bleuté	»		Bleu clair.
Commis et ouvriers......	Gris bleu	Garance.	»		Id.
Infirmiers.........	Garance.	Id.	»		
II. — CAVALERIE.					
Cuirassiers........	Bleu foncé.	Bleu foncé.	Garance.		Garance.
Dragons..........	Id.	Id.	Blanches.		Blanc.
Chasseurs.........	Id.	Id.	Vert.		Vert.
Hussards..........	Id.	Id.	Bleu ciel.		Bleu ciel.
Cavaliers de remonte.....	Id.	Id.	Noir.		Noir.
Chasseurs d'Afrique......	Id.	Id.	Jonquille.		Jonquille.
Spahis...........	Id.	Id.	Id.		Id.

Armes et services			Chiffres et attributs des uniformes	
III. — ARTILLERIE.				
Artillerie de campagne (3)......	Écarlate.		Bleu clair.	Bleu clair.
Artillerie à pied (3)............	Id.		Vert.	Vert.
Artillerie à cheval.............	Id.		Bleu foncé.	Bleu foncé.
Artillerie lourde..............	Id.		Gris cendré.	Gris cendré.
Artillerie de montagne (3)......	Id.		Blanches.	**Blanc.**
Artillerie coloniale (4).........	Id.		Violet.	Violet.
IV. — GÉNIE...............	Noir.	Velours noir.	Écarlate.	Écarlate.
V. — TRAIN................	Vert.	Drap vert.	»	Garance.
VI. — GENDARMERIE.......	Blanc.	Drap noir.	»	comme ci-contre.
VII. — OFFICIERS DES DIFFÉRENTS SERVICES.				
Officiers d'administration du service d'état-major et de recrutement......	Gris de fer bleuté.	Drap gris de fer bleuté.	Insignes décrits à la Description des uniformes B. O., É. M., vol n° 104.	Insignes prévus à la Description des uniformes B.O. (É. M., vol. 106.)
Officiers d'administration du service du génie..................	Noir.	Velours noir.	Insignes décrits à la Description des uniformes B. O., É. M., vol n° 104.	Insignes prévus à la Description des uniformes B.O. (É. M., vol. 106.)

(1) Uniforme actuel, c'est-à-dire : capote et vareuse en drap gris de fer bleuté (ou autre drap de nuance approchante), avec écussons en drap [...] fond et chiffres jonquille ; — pantalon-culotte (nouveau modèle) en drap gris de fer foncé (ou autre drap de nuance approchante) avec passepoil jonquille pour les officiers ; — képi gris de fer bleuté, chiffres jonquille ; — le manteau actuel des chasseurs alpins est maintenu. — Equipement cuir noir.

(2) Les troupes de l'infanterie coloniale porteront le paletot de molleton (ou autre tissu de genre approchant) de la nuance bleu clair, du modèle actuellement en usage. En outre, le képi comportera, sur le devant, l'ancre actuelle, en or pour les officiers, et en drap écarlate pour la troupe.

(3) Artillerie d'Afrique : soutaches et chiffres (troupe) de mêmes nuances, le nombre des soutaches étant porté à trois.

(4) Les troupes de l'artillerie coloniale porteront le paletot de molleton (ou autre tissu de genre approchant) de la nuance bleu clair, du modèle actuellement en usage. En outre, le képi comportera, sur le devant, l'ancre actuelle, en or pour les officiers, et en drap écarlate pour la troupe.

DÉSIGNATION DES CORPS DE TROUPE.	PASSEPOILS EN DRAP des pantalons et culottes (officiers et troupe).	ÉCUSSONS (officiers et troupe).	SOUTACHES EN LAINE ou coton (officiers et troupe).	CHIFFRES OU ATTRIBUTS DE COLLET.	
				Officiers et adjudants.	Sous-officiers (adjudants non compris) et troupe.
VII. — Officiers des différents services. (Suite.)					
Officiers d'administration du service de l'artillerie et contrôleurs d'armes.....	Ecarlate.	Drap écarlate.			
Officiers du corps et du service de l'intendance....	Gris bleu.	Velours gris-bleu.			
Médecins et officiers d'administration du service de santé...	Garance.	Velours cramoisi.	Insignes décrits à la Description des uniformes B. O., É. M., vol. n° 104.		
Pharmaciens...	Vert.	Velours vert.			
Vétérinaires...	Garance.	Velours grenat.			
Interprètes militaires...	Bleu ciel.	Velours outremer.			
Personnel du service de la justice militaire...	Noir.	Velours noir.			
Tribunaux militaires.					
Adjudants commis greffiers...	Noir.	Id.			
Sergents huissiers appariteurs...	Noir.	Drap noir.			
Établissements pénitentiaires militaires.					
Adjudants agents principaux...	Noir.	Velours noir.			
Adjudants greffiers et de surveillance...	Noir.	Id.			
Autres sous-officiers...	Noir.	Drap noir.			

				Insignes décrits à la Description des uniformes (B. O., vol. n° 104).
VIII. — OFFICIERS SANS TROUPE	Orangé.	Noir.	Orangé.	Orangé.
IX. — OFFICIERS D'ÉTAT-MAJOR	Id.	Orange.	Noir.	Noir.
X. — AÉRONAUTIQUE.				
Aérostation	Orangé.	Noir.	Orangé.	
Aviation	Id.	Orange.	Noir.	
XI. — PERSONNEL DÉTACHÉ DANS L'AÉRONAUTIQUE.	Aviateurs militaires et pilotes de dirigeables : *a)* Brevetés — Insignes spéciaux à la place des numéros sur les écussons. *b)* Non brevetés — Grenades à la place des numéros sur les écussons décrits à la Description des uniformes (B. O., É. M. Vol n°° 104 et 105³).			
XII. — SECTIONS DE CHEMIN DE FER DE CAMPAGNE	Drap du fond.	Drap du fond.	»	Écarlate.
XIII. — EMPLOYÉS MILITAIRES.				
Adjudants d'administration du génie	Noir.	Velours noir.	»	»
Ouvriers d'état	Id.	Id.	»	»
Caserniers	Id.	Id.	»	Écarlate.
XIV. — PERSONNEL DE LA TRÉSORERIE ET DES POSTES AUX ARMÉES (1). Payeurs et commis de trésorerie	Drap du fond.	Drap du fond.	Insignes décrits à la Description des uniformes (B. O., É. M. Vol. n° 104).	Écarlate.

Insignes décrits à la Description des uniformes (B. O., É. M., vol. n° 104).
Insignes décrits à la Description des uniformes (B. O., É. M., vol. n° 104).

(1) Les sous-agents continuent à porter la tenue décrite au *B. O., É. M.,* vol. n° 101, articles 476 à 430, mais en drap bleu clair.

Paris, le 17 mai 1915.
Le Directeur de l'Intendance,
DEFAIT.

ANNEXE N° 3.

États de pointures.

Capote. — Se reporter à l'annexe n° 2 de la notice descriptive adressée le 27 septembre 1914.

Manteau. — Se reporter au tableau de pointures annexé au cahier des charges spéciales du 25 juillet 1912 (pages 52 et 53).

Vareuse. — Se reporter au tableau de pointures des tuniques, vestes, etc., annexé au cahier des charges spéciales du 25 juillet 1912 (pages 54 et 55).

Pantalon-culotte et culotte. — Se reporter à l'état des pointures des pantalons et culottes annexé au cahier des charges du 25 juillet 1912 (pages 56 et 57) modifié comme suit :

La longueur d'entre-jambes du pantalon-culotte est inférieure de 10 centimètres à la mesure de l'homme.

Culotte des troupes à pied (Afrique). — Se reporter au tableau de pointures des pantalons et culottes annexé au cahier des charges spéciales du 25 juillet 1912 (pages 56 et 57), modifié comme suit :

« La longueur d'entre-jambes de la culotte est inférieure de 5 centimètres à la mesure de l'homme. »

Képi. — Se reporter à l'annexe n° 4 de la notice descriptive adressée le 27 septembre 1914.

Chéchia. — Tours de tête variant de $0^m,48$ à $0^m,63$.

Bordeaux, le 9 décembre 1914.

A. MILLERAND.

ANNEXE N° 4.

Allocations de matières premières et prix de base de confection.

I. — ALLOCATION DE MATIÈRES PREMIÈRES A DÉLIVRER AUX ENTREPRENEURS POUR LA CONFECTION DES EFFETS EN DRAP DE $1^m,40$ (1).

a) Capote troupes à pied.

Drap du fond en $1^m,40$. — Par subdivision, $0^m,04$ de plus que les allocations prévues à la notice descriptive du 27 octobre 1914.

---

(1) Pour des draps ou des velours de largeurs autres que $1^m,40$ et $0^m,70$, le directeur de l'intendance de la région intéressée déterminera les allocations des matières premières.

Toile à doublure en lin en 1 mètre. — 2ᵐ,15 (allocation moyenne unique)

b) Capote officiers.

Drap du fond en 1ᵐ,40. — Par subdivision, 0ᵐ,15 de plus que les allocations prévues à la notice descriptive visée ci-dessus.

Toile à doublure en lin en 1 mètre. — 2ᵐ,15 (allocation moyenne unique).

c) Manteau des troupes montées.

Drap du fond en 1ᵐ,40. — Par subdivision, 0ᵐ,55 de moins que les allocations prévues aux pages 70 et 71 du cahier des charges du 25 juillet 1912.

Toile à doublure en lin en 1 mètre. — 1ᵐ,80 (allocation moyenne unique).

d) Vareuse toutes armes.

Drap du fond en 1ᵐ,40. — Par subdivision, 0ᵐ,02 de moins que les allocations prévues aux pages 92 et 93 du cahier des charges du 25 juillet 1912.

Toile à doublure en coton. — 0ᵐ,07 (allocation moyenne unique).

Pattes d'épaules pour vareuses de cuirassiers. — Drap du fond en 1ᵐ,40 : 0ᵐ,08 par paire.

e) Vareuse des spahis indigènes.

Drap du fond en 1ᵐ,40. — Allocations prévues aux pages 92 et 93 (vareuse-dolman des chasseurs alpins) du cahier des charges spéciales du 25 juillet 1912.

Toile à doublure en coton en 1 mètre. — 0ᵐ,07 (allocation moyenne unique).

f) Pantalon-culotte.

Drap du fond en 1ᵐ,40. — Par subdivision, 0ᵐ,03 de moins que les allocations prévues aux pages 96 et 97 du cahier des charges du 25 juillet 1912.

Drap de distinction en 1ᵐ,40. — 0ᵐ,015 (allocation moyenne unique) pour le passepoilage.

Toile à doublure en coton en 1 mètre. — 0ᵐ,60 (allocation moyenne unique).

g) Culotte des troupes montées.

Allocations prévues aux pages 102 et 103 (§ 2°) du cahier des charges du 25 juillet 1912.

Drap de distinction en 1^m,40. — 0^m,015 (allocation moyenne unique) pour le passepoilage.

h) Culotte troupes à pied (Afrique).

Drap du fond en 1^m,40. — Par subdivision de type 0^m,085 de plus que les allocations prévues aux pages 100 et 101 (§ 1° Culotte de cavalerie non basanée) du cahier des charges spéciales du 25 juillet 1912.

Toile à doublure en lin ou en coton en 1 mètre. — 0^m,72 (allocation moyenne unique).

i) Képi.

Drap du fond en 1^m,40. — Allocations de 0^m,08, prévues à la page 114 du cahier des charges du 25 juillet 1912.

j) Bonnet de police.

Drap du fond en 1^m,40. — Allocation prévue de 0^m,135 à la page 114 du cahier des charges du 25 juillet 1912.

Toile à doublure en lin en 1 mètre. — 0^m,040.

k) Ecussons et chiffres.

Ecussons. — Capotes et vareuses de toutes armes : allocation de drap en 1^m,40, 0^m,003 par paire; allocation de velours en 0^m,50, 0^m,015 par paire. — Manteaux de toutes armes : allocation de drap en 1^m,40, 0^m,005 par paire. — Vareuse des spahis indigènes : allocation en drap de 1^m,40 : 0^m,005 par paire.

Chiffres. — A 1 chiffre, 0^{mm},5; à 2 chiffres, 1^{mm}; à 3 chiffres, 1^{mm},5.

Soutaches. — Capote et vareuse . 0^m,20 (par paire d'écussons); manteau : 0^m,28 (par paire d'écussons).

II. — ALLOCATION DE VELOURS OU DE DRAP EN 0^m,70 (1)
POUR LA CONFECTION DES VAREUSES ET DES PANTALONS-CULOTTES.

Vareuses. — 0^m,24 de plus par vareuse que les allocations prévues au paragraphe *d* ci-dessus.

_____

(1) Pour des draps ou des velours de largeurs autres que 1^m,40 et 0^m,70, le directeur de l'intendance de la région intéressée déterminera les allocations des matières premières.

Pantalons-culottes et culottes. — Le double des allocations prévues aux paragraphes *e* et *f* ci-dessus, plus $0^m,20$, l'allocation pour le passepoilage en drap étant maintenue à $0^m,015$.

III. — Allocations pour genouillères.

Il sera alloué aux entrepreneurs pour la pose des genouillères en drap des pantalons, savoir :

Drap du fond en $1^m,40$: $0^m,11$ par pantalon;
Velours en $0^m,70$: $0^m,24$ par pantalon.

IV. — Prix de base de confection des effets.

Capotes troupes à pied	4 50
Manteau troupes montées	5 10
Vareuses toutes armes :	
En drap	3 20
En velours	3 30
Vareuse des spahis indigènes	3 40
Pattes d'épaules pour vareuse de cuirassiers (par paire) :	
Main-d'œuvre civile	0 38
Main-d'œuvre militaire	0 13
Pantalon-culotte troupes à pied (y compris la pose des genouillères et le passepoilage)	2 10
Culotte des troupes montées avec basanage en drap ou en velours (y compris le passepoilage)	3 90
Culotte des troupes à pied (Afrique)	2 90
Képi de toutes armes	1 50
Bonnet de police	0 45

Bordeaux, le 12 décembre 1914.

Pour le Ministre et par son ordre :

Le Directeur de l'Intendance,
DEFAIT.

ANNEXE N° 5.

Prix de base de confection et de pose des écussons sur les collets des manteaux, capotes et vareuses.

I. — PRIX DE BASE DE CONFECTION.

a) *Ecussons en drap pour collets de capotes et vareuses* (paire d').

à 1 chiffre.... en drap......... 11 fr. » le cent. ⎰ Y compris
à 2 chiffres... — .... 17 fr. » — ⎱ la fourniture de la soutache en laine ou coton.
à 3 chiffres... — .... 22 fr. » · —

b) *Ecussons en drap pour collets de manteaux* (paire d').

à 1 chiffre ... en drap......... 12 fr. » le cent. ⎰ Y compris la fourniture
à 2 chiffres... — .... 18 fr. » — ⎱ de la soutache en laine ou coton.

c) *Ecussons en velours pour collets de capotes et vareuses* (paire d').

à 1 chiffre.... en drap......... 26 fr. » le cent, ⎰ Y compris la fourniture
à 2 chiffres.... — .... 30 fr. » — ⎱ de la soutache en laine ou coton et de velours.

NOTA. — Les écussons à apposer sur les collets des effets de sections de commis et ouvriers militaires d'administration, d'infirmiers militaires et des escadrons du train des équipages militaires ne comportent pas de soutaches; leurs prix de base sont fixés à 7 francs les cent paires.

II. — PRIX DE POSE DES ÉCUSSONS SUR LES COLLETS.

Ecussons des collets des manteaux, capotes ou vareuses : 4 francs les cent paires.

III. — PRIX DE POSE SUR LES MANCHES DES EFFETS D'HABILLEMENT DES GALONS DE GRADE EN MÉTAL OU EN LAINE.

Par la main-d'œuvre militaire............................ 0 018
Par la main-d'œuvre civile............................ 0 19

Paris, le 28 mai 1915.
Le Directeur de l'Intendance,
DEFAIT.

Paris et Limoges. — Imprimerie militaire CHARLES-LAVAUZELLE.

www.ingramcontent.com/pod-product-compliance
Lightning Source LLC
Chambersburg PA
CBHW060806280326
41934CB00010B/2581